Wiechert — Restsüße

Wolf Wiechert ist Dichter und lebt in Wertheim am Main. Zuletzt sind von ihm erschienen der Roman *ROSA* und die CD *Besser du redest nicht weiter darüber* sowie das Libretto zu der in Würzburg 2021 uraufgeführten Kammeroper *Mozart – ein Sommermärchen*.

Ottmar Hörl ist ein deutscher Konzeptkünstler. Sein Werk ist in zahlreichen Museen präsent. Einem breiteren Publikum ist Ottmar Hörl durch seine Skulptur-Aktionen bekannt.

Wolf Wiechert

Restsüße
Zwischen Leben und Tod

Gedichte

Mit Illustrationen von Ottmar Hörl

Königshausen & Neumann

Bibliografische Information der Deutschen Nationalbibliothek

Die Deutsche Nationalbibliothek verzeichnet diese Publikation in der Deutschen
Nationalbibliografie; detaillierte bibliografische Daten sind im Internet
über http://dnb.d-nb.de abrufbar.

© Verlag Königshausen & Neumann GmbH, Würzburg 2022
Gedruckt auf säurefreiem, alterungsbeständigem Papier
Umschlag: skh-softics / coverart
Umschlagabbildung: © Ottmar Hörl
Alle Rechte vorbehalten
Dieses Werk, einschließlich aller seiner Teile, ist urheberrechtlich geschützt.
Jede Verwertung außerhalb der engen Grenzen des Urheberrechtsgesetzes ist
ohne Zustimmung des Verlages unzulässig und strafbar. Das gilt insbesondere
für Vervielfältigungen, Übersetzungen, Mikroverfilmungen und die Einspeicherung
und Verarbeitung in elektronischen Systemen.

Printed in Germany

ISBN 978-3-8260-7727-2

www.koenigshausen-neumann.de

www.ebook.de
www.buchhandel.de
www.buchkatalog.de

Restsüße

I

augenblick

sieh mich an
lass meinen blick durch
irgendwo
hinter der netzhaut
musst du ja sein

du solltest dich wirklich
mal sehn
mit meinen augen

artemis

also
dann bis dann
göttin
und vergiss nicht
meine jahre
den nebel der
aus der lichtung steigt
und die asche über der glut
im kamin

und
dass es noch dauert
bis dahin

blutprobe

blau
vom literweisen blut
in dir
tauch ich weg
vor den leuten obenauf
vor den fettaugen
in dein herz

dort leb ich
ertrunken

chancen

nachts
seh ich die tage an
und dich
und die chancen
die wir vertan haben

dabei
nahm der mond
ab und zu
schien die sonne

tage
wärens gewesen
nächte tausend und aber
verschenkte verlorne

und keiner fragt mehr
nach lust oder laune

akt

tief in den kilos
zuletzt
reißt bis zum rückgrat
das fleisch
dass die wirbel gleißen
endlich
die gründe bloßliegen

spiel mir
spiel mir das lied

da

wo
ich herkomme
in masuren
steht eine ganz
verhaltne erotik
über den polnisch
preußischen seen

wo
die vogelpulks
die wolken markieren
in weiten
femininen schwärmen
und unschuldig weiße segel
alte liebesgeschichten
spiegeln

wo
rings ums halb verfallne schloss
die klagen der vertriebenen
kreisen

in meinem dorf

steigen
aus den trockengelegten weihern
vereinzelt noch in den weizen
binsen
wahrheiten wie geröll
der alten unbegradigten
wege unterm pflug

und halbmast
an großgewordenen häusern
blieben im wind manchmal
rauchfahnen hängen
aus längst verheizten
gewohnheiten

aber die wälder halten
die frucht auf den fluren zusammen
ringsum wie im film
frühe szenen
von heimat

himbeersaft

heiß übers eis
ist mir zu symbolisch

ich bestelle kaffee
und höre mit
nebenan

und was uns angeht
wir sehn uns an

im turm

reißen die wolken
dich durch
wer sonst
und hart
unterm himmel
beginnt
dein träges hirn
zu schalten

mach was
raff dich
wart nicht
auf sonne

jeder tag
ist den tag wert

oben

bei den mittleren matten
die braun sind
steigt das Tal
grün aus dem fluss

bleiben ließe sich hier

aber die gipfel
wollen bestiegen sein
über dem schnee
der das haar bleicht
und angleicht
und einsam macht
für den ausblick
den großen schwindel

und kein zurück mehr
ohne absturz

olymp

die fähigkeit der alten götter
die dinge gültig ins wort zu fassen
lässt uns späteren wenig chancen

sie sind die quellen wir die zisternen
sie haben ödipus wir den komplex
sie das atom wir den reaktor

unsere stories sind ihre mythen
unsere antworten ihre orakel

ratlos bleiben wir zurück
eine äußerste nuance

taktik

die fenster putz ich
dem meister dem tod
damit er mich sieht
und nicht versehentlich kommt

bei dem betrieb
machen solche gefälligkeiten
beinahe unentbehrlich

II

am abend

im mai
dicht an dicht
sanft gewellt
leuchten die
sattgrünen saaten
als ob christo selbst
die schartigen fluren
verhüllt hätte
beidseits der straße
die wir gehen
zur bauschuttdeponie

dort bei der
untergehenden sonne
steht unser haus

auf den abgeernteten feldern

liegen unsere herzen
im clinch
und weitausschwingend
über uns erdigen
zieht der rote schwarze milan
die himmelsschrauben an

bin poet

orientiere mich
an den plejaden
dem siebengestirn
dem siebenfachen
das mehr ist
als der sichtbare
lichthaufen junger sterne

orientiere mich
an den gewandelten
den flüchtingen
den zurechtgebogenen
die schläge empfangen
wie strcicheleinheiten

orientiere mich
an den schmetterlingen
am flügelschlag
des admirals über
der schweren reifen frucht
nach dem langen flug
von alexandria

damals im medoc

färbten die eidechsen
die kalkigen atlantischen
mauersteine mediterran
und weiteten
unser enges gesindehaus
zum chateau

nachts im kamin
jagten die flammen
die tanzenden schatten
der alten okzitanische laute
zurück in die steine

und wir tanzten
neu entflammt
unsere stehengebliebenen
rhythmen

herbst

was für ein laubtheater
wieder
gelbbraun zinnober
die kulissen
der kürzeren tage
mit abschiedsszenen
vom chlorophyll

im letzten akt
die stärksten farben
als ob erst schön wäre
was vergeht

im café

schreib ich
über die todesanzeigen
in der zeitung
am corso
jenseits der gräber
im cappuccinogelaber
diesen einen tag leben

mondtalk

der mond
der vollmond
versteht sich
scheint unverschämt
übers bett

du
tönt er satt
und hängt wie ein gong
aus messing oben
bist jetzt auch einsam

allein sag ich
weil ohne sterne

stehst auch im schatten

der bäume und gerne
sag ich

hast auch probleme

jedenfalls landet
keiner auf mir
und hisst seine fahne

da schiebt eine wolke
das irdische interview
zu

muse

bist auch
im orgelchoral
chromatisch
zwischen cantus firmus
und pedal

bist
im weißdorn
mittags
und abends
in der venus

bist
überall

bist
mein fall

lass

den schnee schmelzen
die rosen verblühn
und geh
gesättigt und still
übers weite feld
ins *verheißne land*
vor die tür
sagen die dichter
in deinen garten
dann bis du
weit genug
gereist

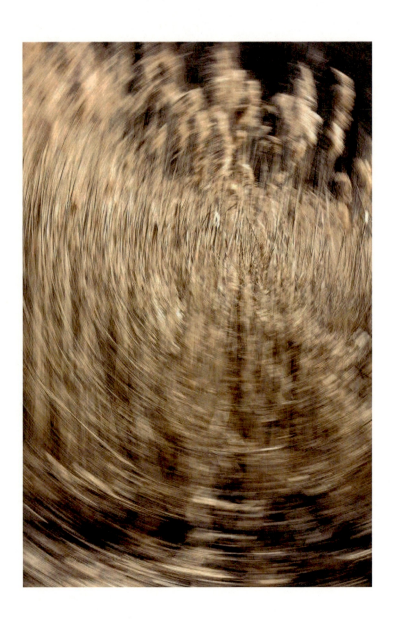

morgenlied

diese mail spannt dich ins netz
dass deine waldspaziergänge
leer laufen
deine küsse deine orgasmen

nach der op

bist du aus dem fresco
der nekropole gestiegen
in diesem kleid

hast den charon verwiesen
und dein etruskisches gen
aktiviert

fliegst ockergelbblau gebändert
mit dem wiedehopf
zu den zypressen

nachtflug

wenn die jets
den orion zerschneiden
hart an den plejaden vorbei
steigt dir die mondfrau
ins nüchterne cockpit
und landet
jenseits von afrika

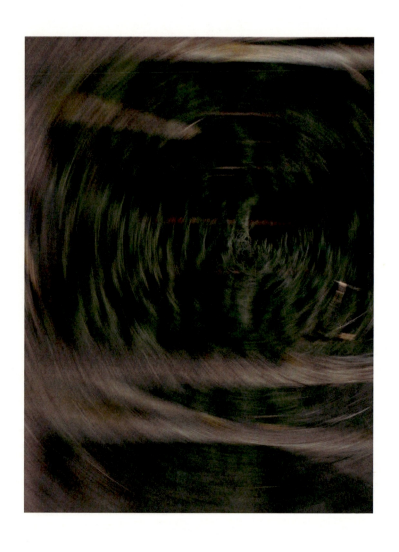

nach der sonnenfinsternis

siehst du dein leben
dein minileben
super scharf
im aluminierten silberblick
der zig zeitgenossen
einmal um mittag
nacht
stille
leichter wind
und die sprachlose
solidarität der sterblichen
unter der schwarzen
gekrönten sonne

rock

und pop
singst du
sagst du
aber
bist du nicht
die
mit der
groovigen stimme
im tempelgeröll
die
psalmen brennt
und
götter verführt
und
mich den
gänzlich irdischen

sappho

stieg sie nicht
aus dem wasser eben
mit rinnenden tropfen an den schenkeln
und dem profil von
vierhundertundsiebzig vor
auf dem attischen krater

stand nicht alkaios bei ihr
oder ich oder
die ferne anaktoria

und hat uns nicht alle
durchgeschüttelt
eros
wie der wind
die eichen im gebirg

schlosspark

sagst du
ach dieser park wie schön
sag ich
so schön so klar
sagst du
die vielen blumen
sag ich
die symmetrie
sagst du
da lässt sich's leben
sag ich
schleich dich tod

die schöne höhnet die nichtigkeit
sprach der schlossherr
und verschied

schnee fall

in dieser einen
nacht in der schnee fällt bis ins
tal trägst du dieses
schwarze seidene t shirt
wie gegenlicht auf der haut

steigt der mond

aus dem endlosen streit
voll souverän
kann ich asyl finden
auf seinem traumterritorium
wie wir liebenden
ehedem

wenn ein satz

punktlos abbricht
weil die wörter
sich aufladen mit hass
dann platzen die metaphern
wie sprechblasen
und du blickst
überraschend unpoetisch

gerupft flugunfähig
isst du dein fischbrötchen
das dir bleibt
und reduzierst dich
zur amphibie

vision

manchmal
steigen aus den traumrudern
eilande
früh
und von leichter schwere
wie brüste

aber
im tal blühen die lippen
und legen deine gründe
bloß

eh dichs zerreißt
schreibs rotfigurig
auf die ruder

watteau

manchmal sieht mich
jean-antoine watteau an
schwerelos schwermütig
mit dem pierrotblick
fern aus dem achtzehnten
jahrhundert

sieht mich an
freundlich vertraut
und wissend
aus seinem kurzen leben

sieht mich an
als säßen wir uns
im café gegenüber
unendlich gespiegelt
zurück bis zum ersten
von unsereinem

wie oft

   für m

wollten wir schon
nach palmyra fahren
zogen wüstenrouten nach
und setzten sonnenbrillen auf

nun hat sich vor das große ziel
deine kleine urne geschoben

ich aber will mir
den säulenstaub nicht
aus den augenwinkeln wischen

III

akelei

zwischen den spornen
der durchsichtige tau
ophelias strauß
aus filigranem wahnsinn
blüht cool hinauf
zum himmelblauen gral

anspielprobe

vor meinem schuh
die häherfeder
färbt
das duett
g moll
blau schwarz

aber
regenbogenlike
spannt
deine stimme
mezzo lichtbögen

der rittmeister

   für ottmar

fordert nicht satisfaktion
von *optimisten* im zwergenreich
die seine kreationen stehlen

führt eher in serie
große tiere kleine leute
und andre *geheimnisträger*
plastisch vor

allen

die brille

für nicole

sie schenkte mir
eine brille
kultig designt
wie aus holz
und glas

ich sah mich bedeutend
besser
auch was ich las

seit sie sich plötzlich
entfernt hat
ins ungewisse etwas
seh ich sie
durch diese brille

krass

die fliege

   in memoriam otto von botenlauben

verstörte hetäre
auf meinem gedicht
lästige brotbraut
heimliche traumzeugin
botenlaube für poesie

die hab ich am hals
gegebenenfalls

du weißdorn

für christoph

fällst
mit deinen blütenschauern
lässig satt
in meine kardiotechnorhythmen
an diesem abendlichen
mai 2022
während die fledermäuse
in eleganten scharfen kurven
deinen strengen sinnlichen duft
lautlos durch schostakowitschs
zehnte sinfonie e moll op 93
ziehen

karfreitags

singt die drossel
den evangelisten
und frühlingsluft
weht ums kreuz

du fühlst viel weniger
passion als euphorie

doch sieh
die taube kommt
hernieder zu dir

hörst du ihr gurren

finale

in den getrieben der großen bands
stürzen die gitarren ab
und all diese symphoniker
spielen nur noch discounter ein
bis das *prélude*
à l'après-midi d'un faune
über den parkplätzen
verklingt

gegen morgen

singen die vögel
den tag aus der nacht
den sex aus den sternen
und üben schon mal
frühstücksfroh
die kaffeekantante ein

hörprobe

eben
von oben
dem fernen rasenden
drückt binär
eine schwingung durch
medienautark
und hertzstark
als wärs
die message
kurz vor dem urknall

dabei hör ich nur
bachs triosonate
d moll

kein zufall

da ganz oben
im portal
aus dem dreizehnten jahrhundert
widder und wolf

spiegeln uns
steinern
romanisch romantisch
auf der gralsroute

la fillette au braisier

   georges de la tour

bläst ins feuer
als schürte sie
meine brüder
die scheite
die abbrennen
in meinen
nächten

les nymphéas

   claude monet

wenn ein regen fällt
auf seine seerosen
steigen aus den blüten
glattnass schulterlang
die nymphen
und du trinkst
den rest vom rotwein
am morgen
als hörtest du ihr *ach*
am schilfigen ufer

meisen

was singen die da
im kahlen geäst
präzise reprisen
musik oder sex

meinen die echt
sex ist musik

aber wer
versteht schon
ihre sprache
trinkt schon
drachenblut

versteh dich
ja auch nicht

mohn

sie schenkt ihm eine große blüte
vom mohn vom rausch
mit hundert stempeln tausend bienen

wie deine liebe
sagt sie
mit rostig roten blütenblättern
die welken schnell

bleiben zurück
sagt er
die samenkapseln
die gedichte

mozart

dort
sag ich
kannst du mozart
du kleiner versager

wo denn
fragst du
warum nicht hier
unterm fenster
flötespielend vielleicht
oder im lamborghini

dort
sag ich
kannst du mozart
wo der duft der zypressen
aus dem schnee steigt
und sein requiem
getanzt wird

narcissus poeticus

bleibt nur der duft der
kleinen lichtgelben krone
sein spiegelbild sein

ich in der vase

provinz

läuft ein reiz
über die zeil
werd ich unruhig
im fachwerk

über bäume
das gespräch
brech ich ab

mail wenigstens
mit goethe im
großen hirschgraben

restsüße

der
die mir den tod wünscht
spül ich ihr glas
ihr weinglas mit dem roten rest
den wisch ich ab wie rouge von ihren augen
wie lack von ihren fingernägeln

die
die mir den tod wünscht
schminkt sich nicht
schön ist sie aus sich selbst

warum
spül ich ihr glas

psalm

   dem wolfsbruder

froh bin ich
herr
in dir

nicht
bei dir
nicht
mit dir

in dir
froh
und gewiss
deiner
dornigen
brennenden
mail

16.X.2021 | 4.12h

salome

   für asmik

dass sie nicht
deinen kopf
forderte
ihre gipfelsatte stimme
dein hirn kappte
endlich piano
dich ganz flutete

tanzt du noch

mit mir
den sirtaki

weinst du noch
mit mir
um uns

schläfst du noch
mit mir
im sarg

was für fragen

silvester

der korb
den du mir gabst
war leer
und mich
beschlich
links
überm rippenbogen
sowas von ausgeliefert
an mich selbst
als trieb ich
weiß violett
im
windgeflecht der götter

steine

noch sind die steine
zwischen dir und mir
warm vom sommer

lass uns gehen
über die steine
barfuß
ohne netz
bis sie
in schulterfreiem silber
dich schmücken

trafen sich

jenseits von camelot
parzival und beatrice
diesen einen moment
zwischen t shirt und gral
auf der terrasse

trägst mich

im gedicht
noch bis zum juni
mit den rosen hin
eh die krisen
die gärten umbrechen
und die ordnungen rotieren
und wir nur noch
hintan
waschen können
das goldne vlies
im schwarzen meer

wenn

    für stefan

endlich
in die langen nächte
ein sinnstoß bricht
haben die knospen längst
deinen tagesspuk
abtropfen lassen
in der dämmerung
und überduften
lichtsüchtig vor blüte
dein buch

trink

ich den wein
aber bitte
aus einer vase
des herzogs von kurland
achteckig weiß
rosenaffin
dann seh ich im trockenen
duft der bücher
endlich den rosenritterfilm
und spring über die dornen
direkt in den blütenstaub

Kurland Vase 1790 vom Herzog Biron v. Kurland (1724–1800) bei KPM bestellt, ein ganzes Service, achteckig klassizistisch.

versailles

stutzt du mich
herr
mich buchs
mich immergrün
kappst meine triebe
spitzt mich zu
dass ich tanz
dein menuett
beschatt
deinen sonnenstich
schreib
deine psalmen
allein
zwischen den
wonnen der rabatten

visite

auffällig dieses
reh im wald der krücken ganz
figur reha pur

Ottmar Hörl – die Fotokonzepte

Meine seit 1982 entstandenen Fotokonzepte entwickelten sich aus der Idee, dass ich selbst bei der Entstehung eines Bildes der größte Unsicherheitsfaktor bin. So verfolgte ich das Ziel, Bilder zu erzeugen, die NICHT das ablichten, was vertraut ist, schon bekannt war oder irgendwie zu erwarten ist. Ich wusste, ich musste die Methode ändern. Ich verzichtete auf den Blick durch den Sucher und warf Kameras aus Flugzeugen, von Hochhäusern, Seilbahnen und Brücken. Die Apparate fotografierten bis zum Aufschlag. Außerdem nutzte ich auch Auto- wie Radfelgen und ließ Kameras während des Rotierens fotografieren. Später folgten Werkreihen, für die ich Fotoapparate auf Bohrmaschinen und Akkuschrauber befestigte. Damit kamen Fotosequenzen zustande, bei denen ich keine Möglichkeit hatte, korrigierend einzuwirken. Der Fotoapparat fotografierte eigenständig und war so von meinem ästhetischen Programm befreit. Das Resultat repräsentiert nur sich selbst, die Idee des Fotoapparates sowie seine Möglichkeiten. Es ging mir darum, Dinge zu untersuchen, ihre innere Logik zu begreifen und mich Ihnen gegenüber dementsprechend zu verhalten. Ich entdeckte, dass auch die Zurücknahme der eigenen Person eine Idee gestalterischen Agierens darstellt. Es ging nicht darum, Herr der Dinge zu sein, sondern das Spiel so zu begreifen, dass sich in der Handlung eines Menschen nicht der gesamte Wille demonstriert. Mir war wichtig, dass die Abwesenheit des Willens zur Idee der gestalterischen Praxis wird. Idee und Verlauf sowie bei der Verwirklichung der Konzepte entstandenen fotografischen Materialien verstehe ich als Gesamtheit auch im Sinne von Plastik als ein über und durch den Raum definierendes Organisationsprinzip. Die Fotokonzepte bilden sozusagen einen Versuch, »der menschlichen Absicht in einer von Apparaten beherrschten Welt Raum zu verschaffen«[1] und »eine Antwort auf die Frage nach der Freiheit im Apparatkontext«[2] zu geben, wie es der Philosoph Vilém Flusser 1983 einforderte.

Ottmar Hörl

[1] Vilém Flusser: Für eine Philosophie der Fotografie, Edition Flusser, hrsg. von Andreas Müller-Pohle, 10. Aufl., Berlin 2006, S. 68.
[2] Ebd., S. 74.

Inhalt

I

augenblick	9
artemis	11
blutprobe	13
chancen	15
akt	16
da	17
in meinem dorf	18
himbeersaft	19
im turm	21
oben	23
olymp	24
taktik	25

II

am abend	29
auf den abgeernteten feldern	30
bin poet	31
damals im medoc	32
herbst	33
im café	34
mondtalk	35

muse	37
lass	39
morgenlied	41
nach der op	42
nachtflug	43
nach der sonnenfinsternis	45
rock	47
sappho	48
schlosspark	49
schnee fall	51
steigt der mond	52
wenn ein satz	53
vision	55
watteau	56
wie oft	57

III

akelei	61
anspielprobe	62
der rittmeister	63
die brille	64
die fliege	65
du weißdorn	66
karfreitags	67
gegen morgen	71
hörprobe	73
kein zufall	75
la fillette au braisier	76

les nymphéas	77
meisen	78
mohn	79
mozart	80
narcissus poeticus	81
provinz	82
restsüße	83
psalm	85
salome	86
tanzt du noch	87
silvester	89
steine	91
trafen sich	92
trägst mich	93
wenn	95
trink	96
versailles	97
visite	99

Ottmar Hörl – Die Fotokonzepte   101

Alphabetisches Verzeichnis der Gedichte

akelei   61
akt   16
am abend   29
anspielprobe   62
artemis   11
auf den abgeernteten feldern   30
augenblick   9
bin poet   31
blutprobe   13
chancen   15
da   17
damals im medoc   32
der rittmeister   63
die brille   64
die fliege   65
du weißdorn   66
gegen morgen   71
herbst   33
himbeersaft   19
hörprobe   73
im café   34
im turm   21
in meinem dorf   18

karfreitags	67
kein zufall	75
la fillette au braisier	76
lass	39
les nymphéas	77
meisen	78
mohn	79
mondtalk	35
morgenlied	41
mozart	80
muse	37
nach der op	42
nach der sonnenfinsternis	45
nachtflug	43
narcissus poeticus	81
oben	23
olymp	24
provinz	82
psalm	85
restsüße	83
rock	47
salome	86
sappho	48
schlosspark	49
schnee fall	51
silvester	89
steigt der mond	52
steine	91
taktik	25

tanzt du noch	87
trafen sich	92
trägst mich	93
trink	96
versailles	97
vision	55
visite	99
watteau	56
wenn ein satz	53
wenn	95
wie oft	57